De anécdotas y casualidades

Juan Gutiérrez

EDIQUID

DE ANÉCDOTAS Y CASUALIDADES
© Juan Gutiérrez

Editado por: Corporación Ígneo S.A.C.
para su sello editorial Ediquid
Av. Arequipa 185 1380, Urb. Santa Beatriz. Lima, Perú
Primera edición, agosto, 2022

ISBN: 978-612-5078-24-7
Tiraje: 50 ejemplares

Hecho el Depósito Legal en la Biblioteca Nacional del Perú N° 2022-06324
Se terminó de imprimir en agosto de 2022 en:
ALEPH IMPRESIONES SRL
Jr. Risso Nro. 580 Lince, Lima

www.grupoigneo.com
Correo electrónico: contacto@grupoigneo.com
Facebook: Grupo Ígneo | Twitter: @editorialigneo | Instagram: @grupoigneo

Diseño de portada: Oriana Vargas
Corrección: Fabián Coelho Castro
Diagramación: Gerardo Hernández B.

Colección: Nuevas voces

Contenido

*A mi madre,
sencillamente.*

Anécdota

Con anécdotas se vive, con anécdotas se muere.
Toda vida es vida gracias a las anécdotas.
Las muertes son anécdotas de la vida.
El destino se estremece cuando las anécdotas nacen.
Los sueños que dejamos en el camino andado
resurgen en anécdotas ajenas a las nuestras.

Hay quienes se sienten solos
aunque anden en compañía
y se refugian en el eco desgastado.
A veces inventan ecuaciones sucesivas
y las resuelven con las yemas de los dedos.
Casi siempre los consume la pureza
porque nunca hubo sudor en su descanso.
Nunca asomaron la vista al sol.
Ellos jamás sabrán
que la anécdota les hizo sombra.

El humo de los cigarrillos
está compuesto por anécdotas.
Hay anécdotas tan pequeñas
que caben en las miradas de las aves.
También las hay tan extrañas
que hasta cambian de color.
Una anécdota puede pasar a la historia
o morir en el intento.
Yo conozco anécdotas tan maravillosas
que tienen dos finales.
Pero hay unas tan desabridas
que se les traga de un bostezo.
Una cosa fundamental en ellas
es que se niegan a usar corbatas.

Ellas nacen en todas partes.
En la ventana, en el jardín,
en el armario, en el jarrón,
en las agujas de los relojes,
en el bolsillo de la camisa,
en el gemido de la meretriz,
en la tortura del condenado...
Pero su lugar predilecto para morir
es en los escritorios.
Allí el poeta las sacrifica
en nombre de su dios.
Hacen bien en no abandonarnos las anécdotas.

Convocatoria

Quienes quieran venir a mi nostalgia,
bienvenidos sean con palmaditas en el hombro.
Siéntense conmigo en el balcón
y desglosemos toda expectativa.

Quienes quieran venir a mi nostalgia,
bienvenidos sean, libres albedríos,
prolíferos de osadas decisiones,
capaces de realzar nuestra belleza.

Quienes quieran venir a mi nostalgia,
bienvenidos sean con tapices coloridos,
de corazón y tinta, de indignación y alianza,
enemigos de futuros patentados.

Quienes quieran venir a mi nostalgia,
bienvenidos sean, buscadores de utopías.
Acabemos ya con los horribles tópicos
que desfiguran la sonrisa hospitalaria.

Quienes quieran venir a mi nostalgia,
bienvenidos sean, hermanos de mi hermano,
aquel que murió por el valor de mis palabras
y dejó su huella grabada en mi silencio.

Quienes quieran venir a mi nostalgia,
bienvenidos sean, más allá de nuestra meta.
Contritos de la nueva era, tened calma,
aquí ya estamos todos, que comience la alegría.

Eres

Eres niña, eres mujer.
Eres sol, eres estrella.
Eres todo mi querer.
Eres simplemente bella.
Eres de un niño la risa.
Eres la luz de la aurora.
Eres el sueño de Alicia.
Eres alma soñadora.
Eres viento de la tarde.
Eres vocal en el canto.
Eres la llama que arde
en la leña de los campos.
Eres barrio, eres ciudad.
Eres miel, eres colmena.
Eres viejito sin pena.
Eres perdón y piedad.
Eres agua en el desierto.
Eres aire en el abismo.
De mi amor eres el signo
y de mi vida lo cierto.
Eres la carne del mango.
Eres azúcar y café.
Eres la flor de mi fango.
Tú eres la diosa en mi fe.

Eres olor en el pan.
Eres rocío mañanero.
Eres quien llega primero
cuando todos ya se van.
Eres esencia de uva.
Eres tren en mi carril.
Eres impulso que ayuda
a este corazón a latir.
Eres el verde del pasto.
Eres lo bueno del ayer.
Eres espada, copa, basto…
Eres querer y poder.
Eres pasado y presente.
Eres presente y futuro.
Eres idea en mi mente.
Eres de mí lo más puro.
Eres alumna y maestra.
Eres tarea conveniente.
Eres la hora de la siesta.
Eres veinte sobre veinte.
Eres libro de poesía.
Eres brillo, eres color.
Eres toda mi alegría.
Eres tú, todo mi amor.

Yo tengo un amigo

Yo tengo un amigo que vivió en Comala y vive en Macondo.
Me motiva al máximo y más cuando tengo el ánimo a fondo.

Lo conocí un día que ya no recuerdo con exactitud.
Quien no lo conoce, ha estado perdiendo su mejor virtud.

Mi amigo es amigo de aquel caballero que anduvo con Sancho.
Al igual que ellos, nosotros cruzamos paisajes muy anchos.

Yo tengo un amigo que guarda secretos y tiene visiones.
Es tan entusiasta que brinda a un problema diez mil soluciones.

Mi amigo es sincero y muy elocuente al decir verdades.
No cree en prejuicios y evita acercarse a banalidades.

Él tiene la magia para transportarme a mundos lejanos.
Un día es mi amigo, un día es mi padre, un día es mi hermano.

Yo tengo un amigo que enseña a callar cuando es necesario.
Me habla de amor poniéndome ejemplos extraordinarios.

Desde su vitrina me señala y dice —tú cuentas conmigo—
y en buenas acciones de mi proceder él siempre es testigo.

Él sabe de letras, él sabe de historia y de geografía.
Mi amigo es nativo, mi amigo es turista, mi amigo es el guía.

Edipo, Ismael, Aramis, Fausto, Nemo el Navegante…
Todos eligieron a mi buen amigo por representante.

Yo tengo un amigo que a mis diferencias les da el equilibrio.
Mi amigo es Gavroche, mi amigo es Platero, mi amigo es el libro.

Mariposa

Mariposa clandestina,
tu aleteo me fascina,
me recrea,
me deslumbra.
Te respiro con tu magia.
Cien colores en tus alas.
Mil piruetas en la brisa.

Mariposa posa, posa,
esposa del colibrí
que detesta tu quietud,
pero ama tu pasado,
observándote en las noches.
Eres bella, eres joven,
a mis ojos no envejeces.

Mariposa trastocada,
vendaval de la pradera,
novia virgen del saltamontes
que en sus saltos no te alcanza
y te espera enamorado
a la orilla del pantano
conversando con las ranas.
Eres fiel, eres atenta,
sin embargo, me preocupa
que te mueras de tristeza.

Mariposa de papel,
de los libros y cuadernos,
estudiante proletaria
—siempre 20 en idiomas—,
que se escapa de las clases
a leerle cuentos breves
a los niños de Sudán.
Eres libre y palpable.
Quien tuviera ese pañuelo
con tu efigie enarbolada.

Mariposa de algodón,
semidiosa del jardín.
Pétalo de origen dudoso.
¿Lirio, rosa, orquídea?
Si tú fueras de cayena,
me rendiría ante tu sombra
y te daría mis dos manos
para que aprendan a volar.
Eres del sol y de la luna.
Cuando partas a otros vientos,
no me ignores en tus sueños.

La clase

La rutina de dos pequeños en la escuela
muchas veces conjuga la desgracia y la secuela.
Pero, cuando el destino es quien dicta la clase,
a ninguno se le impone definir su desenlace.

Ernesto y Jesús, niños de la misma época,
criados bajo diferentes estatutos familiares.
Niños que, sin saberlo, con gestos peculiares,
iban dándole a sus vidas alineación recíproca.

Alumnos del segundo grado, compañeros de salón,
hijos de la misma suma, resta y multiplicación,
nunca formaban equipo para realizar un juego,
jamás se dijeron «hola», mucho menos «hasta luego».

Todos los días pasaban como tenían que pasar.
La ternura de la maestra los bañaba de esperanza.
Su sonrisa natural les promulgaba confianza
cada vez que una lectura les tocaba repasar.

Y como dije cuando comencé a escribir,
esta historia rimada o minúsculo cuento,
el destino no dice con quién es el encuentro.
El destino solamente nos da el chance de elegir.

Una mañana, Ernesto, a horas del desayuno,
se sienta al lado de Jesús, quien no tenía nada,
guiándose el pequeño por su instinto oportuno,
le ofreció al desconocido un trozo de su empanada.
Sin mirarse a los ojos se hizo efectivo el acto,
acto que el otro infante asimiló como un pacto.

Y así, sin ninguno quererlo, se repitió la escena.
Dos sutiles memorias, dos cajitas de sorpresa.
A uno le daba miedo, al otro le daba pena,
de lo cual se despojaban al estar sobre la mesa.
Y, mientras uno abría su lonchera con mucho esmero,
el otro mostraba la actitud infantil de yo sí quiero.

II

Pasaron los años, rodaron los dados,
y aquellos momentos quedaron guardados.
Ernesto ya era un hombre de ideología fija.
Tenía buena esposa y dos preciosas hijas,
una carrera terminada, un trato muy decente,
un auto, una casa, cuenta de ahorro y corriente.
Y de aquel niño con quien partía la merienda
lo único que supo fue su cambio de vivienda,
hasta que una tarde, de aquel martes desatento,
un reencuentro a Ernesto le paralizó el aliento.

Mientras salía del banco con dinero en efectivo,
tres sujetos con capuchas le dieron «quieto» delictivo,
montándolo en un auto contra su voluntad.
—Dame todo lo que tienes y nada te sucederá.
Y cuando Ernesto se dispuso a entregarlo todo
oyó una voz milagrosa suspender el robo.

—Negativo procedimiento.
De los tres habló el más tosco:
—A este hombre lo conozco,
y les juro que no miento.

Ernesto farfulló
cuando el cabecilla preguntó,
con tono muy modesto:
—¿Tú te llamas Ernesto?
—Sí… ¿Por qué?… ¿Quién eres tú?
—Gracias por la merienda… ¡Soy Jesús!

Si nos quedáramos solos

Si nos quedáramos solos,
¿qué sería de nuestras almas?
¿Qué sería de mi tristeza?
¿Qué sería de tus virtudes?

Si nos quedáramos solos,
inventaríamos otro idioma,
cantaríamos con los ojos,
callaríamos la razón.

Si nos quedáramos solos,
volaríamos a la esquina
ocultándonos en la sombra
de la rosa ya marchitada.

Si nos quedáramos solos,
practicaríamos eutanasia,
jugaríamos en lo oscuro
atreviéndonos a soñar.

Si nos quedáramos solos,
cuántas ganas se gastarían,
cuántas horas en un minuto,
dos vocales en sinalefa.

Si nos quedáramos solos,
marcaríamos una época
con los signos de la violencia
que sobraron de la desgracia.

Si nos quedáramos solos,
¿quién nos invita un saludo?
¿Quién nos recoge las cartas?
¿Quién nos registra las cuentas?

Si nos quedáramos solos,
dibujaríamos el recuerdo
del reflejo que nos trajeron
los albores de nuestra infancia.

Si nos quedáramos solos,
sembraríamos avatares
en el borde de aquella almohada
alquilada en la recepción.

Si nos quedáramos solos,
¿por qué hay estrellas en tus caricias?
¿De dónde viene el olvido?
¿Dónde está tu desnudez?

Si nos quedáramos solos,
¿a qué principio, a qué respeto?
¿A qué pudor, a qué delirio?
Vaya manera de dialogar.

Si nos quedáramos solos,
una sonrisa por cada vértigo,
una promesa en dos secretos,
un buenos días sin buenas noches.

Tú

Mujer de mi infancia, mujer de mi vida,
que reinas de noche, que reinas de día.
Tú, que con las manos moldeas amor,
ellas, que también sanan el dolor.

Tú, que diste vida a la vida propia
sin saber que era la fecundación.
Tú, que poco a poco creaste una copia,
hoy por ti se habla de generación.

No sabrás de letras ni de poesías,
tampoco te he visto guardando rencor.
Si ríes, reflejas el mejor humor.
Si lloras, nostalgia y melancolía.

Tú has enseñado lo malo y lo bueno.
Te enfrentas al odio con puro valor.
Tus largos regaños aún los espero
cada vez que caigo en el mismo error.

Tu canto de cuna, el mejor de todos,
a veces sin rima ni afinación.
Tus manos cerrando mis pequeños ojos,
siempre subrayando tu disposición.

Tus bellas arrugas forman el camino
donde la experiencia posa sin parar.
Tus brillantes canas dicen que has vivido
poco más de un siglo, casi eternidad.

He aquí unos simples versos que te dirijo
con mucha ternura y serenidad.
Yo no soy poeta, solo soy tu hijo
deseándote un feliz día, mamá.

Quiero perderme en la historia

Quiero perderme en la historia
con tu delgada nostalgia.
Abrazados por momentos,
atentos por segundos,
y, si me lo permites,
apoyado en tus mitos.

Quiero perderme en la historia
sin remembranzas desafinadas
ni suposiciones bibliográficas,
pero con los eufemismos censurados
por tu descomunal sentido común.

Quiero perderme en la historia
con la misma sencillez
que utilizaste al encontrarme.
¿Te acuerdas?
Me señalaste con tu duda
y me besaste con tu sombra.

Quiero perderme en la historia
para saber lo que ha pasado
cuando no suceda nada
objetivo digno,
de tu inteligencia calificada
y mis errores conmemorados.

Quiero perderme en la historia,
¡pero tiene que ser contigo!
De una buena vez por todas,
porque aún no sé quién soy,
si confabulo contra mi presente.

Quiero perderme en la historia
con las fechas patrias de tu agenda
y la geografía de tu sexo
hasta que la guerra nos separe.

Silencio

Silencio en el camino,
silencio confortable,
silencio que invitamos
a convivir de tarde.
Silencio que derrumba
todos nuestros males.
Silencio que se guarda
como algo memorable.
Silencio que acompaña
la bocanada de aire,
aquella que en invierno
empaña los cristales.

Silencio soñador
de los cuentos de hadas.
Silencio del insomnio,
dossier de madrugada.
Silencio en los amigos
oculto en la palmada.
Silencio en los amantes
que admiten su jugada.
Silencio previsible,
palabra entrecortada,
el infinito miente,
silencio de la nada.

Silencio inquisidor,
silencio despreciable,
silencio que en los labios
de tanto orgullo arde.
Silencio de amargura,
procaz en el detalle.
Silencio que nos mata
en la mirada de alguien.
Silencio de sentencia,
final determinante,
la lágrima en silencio
decide suicidarse.

Nocturno

Me asomo a la calle y está llena de descuidos.
La ciudad se viste de peligro intermitente.
El corazón enlutado por noticias ajenas.
Estrujo mis ojos para secar el cansancio.
Quiero creer que mis manos son inmortales.
Algo bueno me espera… Algo bueno me espera.
Me valgo de tus recuerdos para hurgar una sonrisa.
Tomo de la brisa uno de esos besos tuyos.
Aprieto tus muslos en las delicadas nubes
y me acuesto a dormir en tres hectáreas.

Invisible

No soy yo.
No me conozco.
Tan superfluo.
Tan opaco.
Tan espeso.
Tan espejo.
Es fácil detectarlo,
sin perfil psicológico
ni expedición subterránea.
Descarto toda excusa
en esta línea directa
que me lanza al vacío.
Vacío repleto de soledad.
No la soledad comunicante,
ni la soledad plena;
es la soledad requerida
por este acoso estructural.
Hay cadáveres a mi lado
con la vitalidad que necesito.

No soy yo.
No me reconozco.
Ayer mentí.
Hoy mentí.
Mañana mentiré.
No es pecado mentir;
es pecado mentirse.
¿Quién merece la verdad?
¿Quién es dueño de mi verdad?
No quiero agasajo,
ni apologías condicionadas.
Una taza de café es suficiente.
Que arroje la primera piedra
quien esté libre
del hambre y la promesa,
obsequios fáciles del yo.

Cada vez que tus ojos penetran los míos

Cada vez que tus ojos penetran los míos,
me siento como polluelo sin madre en el nido.
Tal vez como un niño que un favor le pidió
a un extraño en la calle y este dijo que no.

Mi hombría se desvanece como vela encendida,
mi voz como agua en baño de María,
mis ojos titilan como luces de aeropuerto
y cada parpadeo conlleva a un desacierto.

Cada vez que tus ojos penetran los míos,
me siento como invierno despojado del rocío,
como cuadro de sala, retrato sin autor,
como un enfermo andando en busca de un doctor.

Si supieras cuántos recuerdos pasan por mi mente
cuando tu hermoso rostro se detiene aquí al frente.
Mis pupilas reflejan el niño dentro de mí
porque en el amor soy eso, un simple aprendiz.

Cada vez que tus ojos penetran los míos,
el vigor y el valor se me fugan al olvido,
los nervios se transforman en enemigo letal,
obstruyendo por completo todo mi mapa mental.

Cada vez que tus ojos penetran los míos,
siento que mi tórax se llena de un vacío,
como un motor de avión en pleno despegar
o un globito de aire a punto de estallar.

Los minutos pueden pasar, las horas también,
y yo, sin darme cuenta de que un siglo son cien,
me sentiré como muchacho envuelto en mil líos
cada vez que tus ojos penetren los míos.

03:00 a. m.

Esta noche, a orillas de la playa,
me senté a escribir este poema
después de una fogata compartida
y una interrogante como emblema.
Solo, arrebujado, con un poco de insomnio,
queriendo con sirenas tener una cita
y hablarle a las olas con bellos vocablos,
ver cómo ellas burbujas recitan.

Muy cerca de la orilla, esta noche,
dos pequeñas barcas
juegan al vaivén que proyectan.
Mientras una fantasea levar anclas,
otra solo piensa en «pesca, pesca».
Sus motores descansan bajo el cielo estrellado,
con rastros de humedad en su interior,
llevando las huellas del ejercicio amado
que día a día surte pasión a un pescador.

Mi vista inocente no conoce el hastío,
viendo a lo lejos el arrecife bravío,
escuchando las olas que ha roto hoy.
Imaginando en el fondo ser como él.
Uno, dos, tres, cuatro, cinco, seis…
¿Qué he sido? ¿Qué seré? ¿Qué soy?

Palabras

De la A a la Z,
con su gracia, el alfabeto
va formando cada sílaba,
consonante a la vocal
y vocal a consonante.
Cuando menos lo imagines,
sin saber de su destino,
las palabras aparecen.

Las palabras de lo justo,
las palabras de lo eterno.
No tiene culpa la palabra
de la mentira ni la ofensa,
ni de la boca que la escupe
como saliva aborrecible.
No es responsable la palabra
de esos epígrafes tajantes
utilizados por caudillos,
elevadores de emociones,
para la masa desechable.

¿De quiénes son esas palabras
que se escuchaban en el eco?
¿A dónde van esas palabras
que se trasladan en la seña?
¿Qué debo hacer con las palabras
que a mi poema se negaron?

Las palabras… palabritas.
Chiquiticas, diminutas.
Las palabras… palabrotas.
Grandototas, pesadotas.
Pa-la-bras, pal-abras,
pala-bras, pa-labras,
abras-pal, abra-paz.
Para la paz, solo palabras.

¡Y la rima, señores! ¡La rima!
Esa dama deliciosa
que, en lo claro o en lo oscuro,
con el idioma se aparea
como animales en celo,
o tienen sexo fulminante
como modernos liberales.
La santidad de las palabras
en la oración que la bendice.
La infinidad de nuestro idioma,
ser o no ser de nuestro orgullo.

Instantánea

Vivir es gratitud.
Morir, una sorpresa.
Amar, una virtud.
Tu amor, una certeza.

A una mujer

Profundamente, suspiro mientras en ti pienso
y, lentamente, declino al saber que ya no estás.
En los trenes de la vida, ocupan el mismo asiento
la flor y las espinas, el bien y la maldad.

Nunca había sentido tanta alegría en mi pecho,
ni mariposas en busca de la flor de mi pasión.
Pero tampoco nunca, de un horrible despecho
fue protagonista mi apacible corazón.

¿Amor? Te lo di todo, como un siervo da su afán.
Lo recibiste en silencio, con los brazos tendidos.
Lo tiraste, lo alzaste y lo volviste a tirar.
Y cual masoquista a tus pies quedó prendido.

Recuerdo aquella tarde cuando tu mirada impía
se paseó por mis pupilas, así de casualidad.
Te pregunté tu nombre y cuántos años tenías.
Dijiste el nombre segura, pero omitiste tu edad.

Así empezó mi trayecto por esa selva pagana.
Enamorarme de ti no fue difícil, lo juro.
Quise llegar a tu límite emancipando mis ganas,
y terminé edificando sobre terreno inseguro.

Hace más de un año que unimos nuestros cuerpos
en el lecho de tu casa… Las ventanas entreabiertas.
De tanta exaltación, me dejaste medio muerto.
Yo durmiendo a tu lado, tú a mi lado despierta.

Sin ninguna explicación, te alejaste y rompiste
el vínculo amoroso que a ti me conectaba.
Me dejaste en una esquina, tan vacío como triste.
Te di todo mi amor, me devolviste nada.

Ya me enteré de que existe un nuevo hombre,
no por medio de rumores: yo mismo los vi.
Te deseo lo mejor, aunque eso te asombre,
en nombre del romance que contigo viví.

Compensación

Hemos ido aprendiendo a mirarnos a los ojos
sin parpadeo repetir.
Hemos ido aprendiendo, superando el enojo,
los beneficios del arrullo.
Hemos ido aprendiendo a escuchar al corazón
diferenciando su latir.
Hemos ido aprendiendo que aunque se tenga razón
no vale nada el orgullo.

Hemos ido aprendiendo a jugar con palabras
escondidas en los números.
Hemos ido aprendiendo que sin un abracadabra
también hay encantamiento.
Hemos ido aprendiendo a idearnos libertad
con mecanismos efímeros.
Hemos ido aprendiendo que primero es la amistad
entre buenos sentimientos.

Hemos ido aprendiendo que esa pose de espera
se transforma en asedio.
Hemos ido aprendiendo que una acción es austera
si su cerco revienta.
Hemos ido aprendiendo que hay deseo feroz
sin dolor de por medio.
Hemos ido aprendiendo que el amor entre dos
no se exige, se inventa.

Árboles

Qué hermoso sería ver huir a los árboles del incendio.
José Saramago

Los árboles se distraen con sus recuerdos
y cantan las canciones de cuando niños.
Hunden su pie en los aposentos
y duermen como líricos caballos.

Todos los árboles son nuestros hermanos,
ellos dan la vida por nosotros.
Sus vidas pasan a todo pulmón.
Aquellos gigantes que no se borran de mi memoria
resultaron ser árboles escondidos detrás de la iglesia.

Un árbol pesa una tonelada de oxígeno,
mide mil kilómetros de ardillas
y cuesta una fortuna de hojas verdes.
Si los árboles soñaran, soñarían con ser atletas.
Sin duda alguna, ellos serían excelentes nadadores.

Los árboles nunca descansan ni se quejan.
Cuando no trabajan,
se reúnen en alguna montaña
para filosofar sobre por qué a los arbolitos
les prohíben llevar cuadernos y lápices a la escuela.

Cuenta la leyenda que una vez un niño
dio refugio en su hogar a un árbol
en un día lluvioso.
Y el árbol se suicidó al descubrir
que su padre era parte de la calefacción.
Por eso es que después de cada lluvia
todos los árboles siguen llorando
si les da un simple soplo.

Nocturno 2

I

Me enorgullezco de tus manos
cuando me tocan con el alma
y me destrozan la tristeza
y me devoran con su flama.

Aquellos días siempre grises
de mis caídas responsables
fueron tus manos que aliviaron
mis cicatrices incurables.

II

Tus ojos me defienden
de la indiferencia.
Tus ojos son infinitos.
Tus ojos mantienen
viva la inocencia.
Tus ojos son infinitos.

Tus ojos brillan
por el resplandor de algún elogio.
Tus ojos hablan
entre el silencio de amor y odio.

III

Muerto de sed,
casi al olvido,
buscando el verbo vivir en mí,
lleno de rabia,
lejos de amigos,
aquella tarde venir te vi.

Cerré mis ojos,
crucé mis manos,
quise borrar aquella ilusión,
sentí la gracia
de esos tus labios
y practiqué la resurrección.

Mi flor de cayena

Cayena, te miro.
Te miro y me acuerdo.
Me acuerdo, cayena,
de aquellos momentos.
Aún era un chico
un tanto tremendo,
con los pies descalzos,
al patio corriendo,
así nos topamos.
Qué mágico encuentro.
Tus pétalos rojos.
Tus aires, tus sueños.
Tu leve ternura.
Tu olor mañanero.
Tu dulce sustancia
en todo tu centro.
Hormigas paseando
por tus filamentos.
A estas alturas,
te cedo un secreto:
de haberte arrancado
yo no me arrepiento.

Juanita, la dueña
de tu bienestar,
los martes y sábados
solía regar
tu tallo, tus hojas.
Todo en su lugar.
Una de esas tardes,
me acerqué a su hablar.
Tendría cinco años,
seis, siete, da igual.
Pregunté tu nombre
y, sin titubear,
respondió jugando
con mi ingenuidad:
—Se llama cayena,
reina de mi hogar—.
Y así te implantaste
con fraternidad
en mi edad temprana
¿Quién iba a pensar?
¡Cayena! La reina
de mi eternidad.

Yo sé de las flores
muy poquitas cosas.
Sé que, en elegancia,
no hay quien gane a rosa.
Sé que hay unas lindas
y otras olorosas.
También las que vuelan,
como mariposas.
Y que las orquídeas
son las más costosas.
Pero nunca he visto
cosa tan hermosa
como aquellos pétalos
de líneas frondosas
que dan a tu imagen,
poco caprichosa,
un fino vestido
de sencilla esposa.
Cayena, mi novia,
mi flor amorosa.

Han pasado entonces,
de aquella ocasión,
más de veinte años.
Juanita murió
y su regadera
sin agua quedó.
Y a ti te olvidaron
con resignación.
Y el niño descalzo,
que de hogar mudó,
no supo más nada
de la reina flor.
Hasta esta mañana
en que mi corazón
de niño travieso
de nuevo latió.
Cuando, al salir,
cerca del portón
de mi actual hogar,
observé una flor
que pertenece
a la formación
de los tres injertos.
¡Vaya, qué emoción!
Que un día mi mano
traviesa sembró.

Cayena, te ruego,
no guardes rencor
al pobre inocente
que un día arrancó
de su trono verde
a la reina flor.

Auge y decadencia de tus lágrimas

Una lágrima rueda por tu mejilla izquierda
y se frena en aquella pequeña zona
aún reservada a los saludos amigables,
justo al lado de donde creció esa espinilla
que arruinó aquella primera cita
con el muchacho franco
que te brindó su confianza.

Sigue su rumbo la lágrima
dejando a su paso esa línea húmeda
que describe los rituales
de un pasado reciente y turbio.
Se detiene nuevamente
pero esta vez piensa un poco
en lo injusto de su naturaleza.
¿Por qué las lágrimas siempre van en decadencia?

Sigue bajando y pasa cerca
de tu comisura labial,
allí donde un par de labios inquietos
iniciaron la guerra de tus emociones.
Unos milímetros más de recorrido
y, antes de precipitarse al vacío,
la lágrima se detiene en la esquina de tu mentón
y se percata de que una semejante
acaba de desprenderse de la otra esquina
viendo cómo se estrella
en la hoja de la carta
invadida por tu aporreada caligrafía.

La otra lágrima rueda por la mejilla derecha

y no se detiene porque va decidida,

encomendada a su destino.

Quien la viera de lejos diría

que esa lágrima no es de tristeza,

pero a ella no le importan sus inicios,

ni piensa en dioses del más allá,

ni en fronteras universales.

Acude a su derrotero con el poder de la pasión

y su actitud salvaje,

tal como inició su partida.

Llega a la esquina de tu mejilla

y se arroja al vacío

sin ceder un milímetro de su orgullo.

Y, justo antes de desparramarse,

entre las dos líneas de tu poema,

hace un esfuerzo noble

y logra voltear la mirada hacia arriba,

viendo la otra lágrima titubeante,

absorbida por el miedo,

prendida en la esquina del mentón,

con toda la fuerza de su tentáculo.

En eso, tu gigante mano,

que no cree en casualidades,

la desvanece con el talento

de ese ademán poco delicado,

ejecutado por el lomo de tu índice.

Una noche

A mis amigos de la cuadra.

Cuánta alegría me embarga de aquella noche vivida
en que una lluvia de ideas empapó al conocimiento.
Cinco jóvenes, un perro, plenilunio, osadía…
Un vaso con licor y cigarros de implementos.

Ninguno de los jóvenes de aquella ocasión
imaginó sobrepasar las barreras tradicionales.
Tampoco pensaron que dicha y noche en propulsión
se expandirían en cada uno de sus buenos modales.

Después de aquel saludo un poco deshilachado
(un apretón de manos, unas ganas retraídas),
la meta se fijó: terminar emborrachados,
pero nadie imaginaba practicar filosofía.

El vaso desfilaba por manos de los presentes.
No era permitido que permaneciera estático.
Para que lo vulgar se tornara indulgente
hacía falta el licor que deconstruye fanáticos.

De pronto, una pregunta alguien realizó
que dejó demudados a los cuatro restantes:
—De verdad, amigos míos, ¿existirá Dios?
¡Disculpen mi pregunta si es un tanto delirante!

Tal fue la pregunta que ocupó toda la escena.
Todos se miraron mutuamente sorprendidos,
como si la pregunta derrumbara algún esquema
y sus componentes resurgieran corrompidos.

—¿Estás loco? —comentó del grupo el más alto.
—Claro que dios existe, y tu pregunta no comparto.
No lo pongas nunca en duda.
No lo dudes nunca más.
Él te ama y de verdad, si necesitas de su ayuda,
búscala y la encontrarás.

—Pues, aunque mi madre nos dejó desamparados
—dijo otro— y sus errores ya no están de nuestro lado,
nunca renegué de dios por nuestra situación.
Él ha estado y estará justo aquí en mi corazón.

—Yo también creo en dios, pero no con fuerza tal.
Lo importante es tener claro qué es el bien y qué es el mal.
Y, si me toca describir su razón existencial,
diría que es la respuesta a la incógnita global.

—Sus opiniones respeto y no quiero formar alboroto
—dijo el moreno—. Vengo de un hogar muy devoto,
pero, sinceramente, dios en mí no tiene cabida.
Mi razón les resumo: después de muerte no hay vida.

Poco a poco se fue creando una especie de debate.
Cada participante desnudó un caleidoscopio
donde a cada historia se le hizo un mundo propio
y el *rating* de importancia concluía en un empate.

Y empezaron a volar ideas de todos lados,
hallándose los cinco más que entusiasmados,
como si la noche, en vez de su área oscurecer,
les acrecentara sus deseos de aprender.

Esa noche se habló de lo grande y lo pequeño,
de lo malo y lo bueno, del alma y sus espejos.
Se habló de Da Vinci y sus miles de bosquejos,
y de ideas que no pasan más allá de un simple sueño.

Se habló de la vida, sus misterios e inicios;
de la fecundidad, proyecciones y trastornos.
Se habló lo inexplicable de las muertes con retornos
y de la esencia que concentra la palabra desperdicio.

Se habló de la importancia de los amplios bosques verdes
y de todo lo que afecta a la madre naturaleza.
Se habló de Aníbal Barca; sus batallas y proezas,
y de las fantásticas novelas del maestro Julio Verne.

Se habló de las traiciones: Dalila, Casio, Judas.
De los pueblos asiáticos, su potencia y su cultura.
Se habló de ingeniería, también de arquitectura,
y del antiquísimo misterio que aguarda en las Bermudas.

Las guerras mundiales no fueron la excepción,
ni las misiones espaciales quedaron en espera.
Se habló de lo infinito ajeno a nuestra esfera
y las maneras que tenemos de pedir la bendición.

Señores, aquella noche fue del todo diferente.
Sin embargo, hay un detalle que me hace sorprender,
pues no consigo mejor nombre para tenerla vigente
que «la noche con perfume y caricias de mujer».

Describiendo a mi familia

Mi familia es como un sueño incompleto.
Nada es perfecto en esta vida.

Mi padre canta el himno nacional con otra música.
Mi madre fabrica burbujas de colores en la cocina.
Mi hermano Julio cree en dios y en el amor.
María le cuenta historias bonitas a su novio.

Mi familia es una biblioteca sin páginas.
Si no puedes expresar, escribe.

Hace quince años Lucy me enseñaba a leer.
Ayer le presté a Lucy un libro de Julio Verne,
ese que leí en dos semanas.
Alfredo es un crítico sin público,
y Carlos, un pensamiento inolvidable.
Mi padre busca historias secretas en la prensa
y mi madre es múltiplo de diez.

Mi familia es inocua por naturaleza.
La confianza es hija del amor.

Allá va Julio, recogiendo rosas
para obsequiárselas a sus compañeras de clases.
Julio es un profeta con miedo escénico
que aborrece los finales previsibles.
El caballito de madera lleva mucho tiempo triste en el rincón.
Hace bastante que Julio lo abandonó.
María cocina con las manos de mi abuela,
y nunca se quita los guantes de seda para comer.
Cuando María entristece, mi padre compra caramelos en la calle.
María sigue siendo la capitana del barquito de su vestido amarillo.

Mi familia es una labor social.
Comparte todo lo que tienes y nada faltará.

Mi madre es divorciada del egoísmo y viuda del rencor.
La sonrisa de mi madre huele a café con leche.
¿Qué será lo que esconde mi madre detrás de esa mirada espe-
ranzadora?
Mi madre es Biología e Historia de octavo grado.
Quisiera estar en preescolar para que mi madre buscara el boletín
y me regalara una barquilla de chocolate por mi comportamiento.
Mi madre resuelve sopa de letras en las tardes
y se persigna antes de acostarse.
Mi madre es empleada del destino.
Ella es la mujer que tiene el corazón de hierro

Mi familia es detallista sin lujos.
¿Cuándo vuelve por aquí?

Mi padre lava los platos defendiendo sus principios.
La fidelidad de mi padre emerge de sus alpargatas.
Todos los días se prepara para el combate de su guerra civil.
A veces siento que mi padre fue extraído de *Casas muertas*.
A los siete años él me presentó la poesía,
hoy en día sigo pensando en casarme con ella.
La gorra de mi padre es vieja, pero él la luce como quinceañera.
Mi padre sabe de todo un poquito,
pero no sabe que mi madre sabe más que él.

Así es mi familia.
Fuente inspiradora.

Mi padre y mi madre parecen mellizos.
Julio está casado con dos incógnitas.
María es maestra de su filosofía.
Lucy se sabe las canciones de Yordano y Karina.
Ella esconde un libro de maternidad que nadie conoce.
Alfredo cada día está más gordo.
Su infancia ya no prende de su cara.
Carlos sigue siendo un pensamiento inolvidable.
Y yo busco en la familia la confianza que no tengo.

Arreglo

Una mujer pregunta y yo contesto.
Una respuesta sin mucho maquillaje.
Finjo ignorancia como pretexto
y patento otro tipo de pillaje.

Una mujer me habla sus verdades.
No dudo de que carezca de argumento.
Me pide desnudar mis vanidades.
Yo espero, aún no es el momento.

Una mujer me tilda de inhumano.
Escucho su razón con desvarío.
Pido mil disculpas de antemano.
Y sello sus dos labios con los míos.

Una mujer me pide explicación.
Se acerca una tormenta y le miento.
Abro la puerta de la meditación
y recojo las cenizas de otro intento.

Simbología

Desde aquí te digo lo que pienso:
en mi espacio no se piensa en los desmanes
ni en promesas con mejoras gigantescas.
En mi espacio crujen las simbologías.
El hallazgo de ese cruce de tus manos
quizás sea una buena nueva para ese paisaje
que se logra divisar cuando se anhela.
Quizás no, quizás no.
En mi espacio, no hay opciones limitadas.

Mi ventana está cerrada.
Yo no la he cerrado.
Mi ventana es autodidacta.
No quería darme cuenta.
Inocencia verdadera hay en tus ojos,
repletos de majestuosa fantasía.
Al saberse que los «2» son transitorios,
en mi espacio el «3» reduce sus raíces.

Desde aquí te digo lo que pienso,
sin matemáticas pudorosas,
sin estadísticas criminales,
sin antropólogos desganados,
con apego a los formícidos.

¿Y después de agotarse esas miradas
será que vendrán los parpadeos
de intermitencias sincronizadas
con ese chao mudo de tus manos
o en ese adiós molesto de tus labios?

Desde aquí te digo lo que pienso:
una oruga con paciencia vuela,
un paso con esmero; un brinco,
un insomnio bien llevado; un sueño.
Quizás sí, quizás sí.
En mi espacio, no se piensa en los desmanes.
Si se sabe que se quiere no hay motivos.

Interludio

Cuando se indaga, se es artista.
Se pasea por aledaños infinitos,
se puebla de ideas al mañana,
se vuela sin alas,
se crea una escafandra filosófica.

Cuando indagamos,
emigran los elementos cotidianos
y establecemos
algunas instituciones sentimentales.
No hay que olvidar
que el destino de todo
está sujeto al olvido,
el olvido vive sin encono.

Entre pies y cabezas

Entre pies y cabeza, encuentro tus rodillas,
hermanas hermosas con diferencias ideológicas
que juegan a inventar los pasos a seguir.
Fronteras de los muslos y las piernas,
ciudadanas humildes que viven sin tabúes
y guían a turistas buscadores de pecados.

Entre pies y cabeza, encuentro tu cuello,
monumento renacentista escondido en el cubismo,
involucrado en los estudios fotogénicos.
Tobogán peligroso que divierte a la inocencia
donde descansa sin problemas mi respiración.

Entre pies y cabeza, encuentro tus senos,
duraznos alegres de mejillas suavísimas,
profesores de idioma con vocación suicida,
espectadores secretos de la coreografía
practicada por mis dedos y mi lengua.
Golosinas cubiertas por el cruce de tus manos.

Entre pies y cabeza encuentro, tus nalgas,
nubes blancas de montañas andinas,
socias mayoritarias de tu vanidad,
posdata perfecta de tus despedidas
—la lentitud nunca fue tan atractiva—.

Entre pies y cabeza, encuentro tu ombligo,
volcán quimérico que en mis sueños bulle,
pauta indudable para crear mil sinfonías,
vasija de mármol extraída del Olimpo,
camino correcto para extraviar la cordura.

Entre pies y cabeza, escondes un mundo
lleno de misterios y emociones,
plusvalía de mi cultura general.

Desde el fondo de mi sentimiento

Para ahuyentar los oscuros miedos de la vida,
para acabar con la inutilidad del pensamiento,
para sentirme capaz de entender cualquier huida,
para estrechar la mano a un gran renunciamiento,
para justificar los fracasos de un invento,
para ponerle fin al dolor de almas perdidas,
me basta con el recuerdo de la mujer querida
que enmarca tu figura, madre, en este momento.

Para argumentar la propiedad del que me escucha,
para circunscribir la teología con ateos,
para animar a desdichados sin utilizar capucha,
para satisfacer ideas compartidas con Morfeo,
para aguantar al intruso que se presta al saboteo,
para evadir distopías, aunque no me acechen muchas,
me basta con el recuerdo de la mujer de luchas
que revive de tus manos, madre, como un trofeo.

Para crecer tranquilo, sin necesidad de alarde,
para construir razones con un método efectivo,
para encontrar la diferencia entre el *jamás* y el *tarde,*
para no dejar de vivir consultándole al olvido,
para saber que las lágrimas son algo más que fluidos,
para aceptar que muchas veces he pecado por cobarde,
me basta con el recuerdo —«y que dios me lo resguarde»—
de tu bendición, madre, que eterniza lo vivido.

A tu manera

Por un beso
o un abrazo,
sencillamente,
donde quieras estar,
donde quieras que esté,
sin falta
ahí estaré.

Estás aquí sin saber,
de incógnita en mi bolsillo,
junto a mi moneda de la suerte,
entre tus cartas sin etcéteras,
te palpo, te aprieto, te canso,
lo sé.

Donde quieras que esté,
sin correr el riesgo
de morir en tu ausencia,
descalzo, con frío,
vapuleado y sin memorias,
a tu manera… como impongas,
a la espera de tu beso,
de tu abrazo,
de tu adiós,
sencillamente,
me quedaré.

Donde quieras estar,
en mi pasado, en mi cuaderno,
en la alcoba, en la estación,
en la tristeza...
Con tus consejos exactos,
con tus disgustos vitales,
con tus caderas divinas,
con tus miradas perfectas,
con mi deseo inconmensurable,
siempre, a tu manera,
te amaré.

La frutería de Alberto

Tizana: bebida típica de Venezuela. Su origen es producto del mestizaje entre la cultura criolla y la cultura aportada por los colonizadores, donde se entremezclaron frutas autóctonas con otras traídas de Europa.

Según las leyendas urbanas, la tizana servía en la Antigüedad como elíxir para descongestionar el cuerpo y la mente de malos humores. Y hay registros que evidencian que algunos la bebían para aumentar el vigor varonil.

Los mangos son muy orgullosos;
saben que son un manjar.
El amor es perfumado con las naranjas.
La danza secreta de los pepinos
y las zanahorias pensando en el destierro.
La seriedad de las cebollas cuando se sientan a leer.
Los tomaticos brincan cuando les hacen cosquillas.
La tizana grande cuesta lo que tres pequeñas,
pero cubre lo que tres medianas.
¿Desde cuándo las lechosas van a misa?
Los limones no se alejan del sarcasmo.
El aguacate sí es profeta en su tierra.
Alberto no es Alberto, sino Esteban.
Las señoras no se van sin el ají.
El melón y la patilla son la pareja del año
(siempre están hablando del matrimonio).

Alberto y Carolina pesan los besos del desayuno.

Los plátanos se inscribieron en un gimnasio,

levantan a la auyama para exhibir sus lindos bíceps.

La auyama es una cincuentona que usa mucho maquillaje.

El cambur es humorista por antonomasia.

Las papas son filósofas ateas

(prefieren aprender que darse un baño).

La lechuga y el repollo usan hábito y sotana,

pero ignoran la dirección de la catedral

(es que andan de malas con la lechosa).

La piña se autocoronó como la reina del carnaval,

tiene una tía en Brasil que no conoce a la tizana.

El pimentón se burla de su desgracia

(mientras más grande, más delicado).

La remolacha siempre anda distraída.

El ajo se ríe hasta serio.

El total de la cuenta es «muchas gracias».

Así andan las cosas en la frutería de Alberto.

Momento

Estando junto a la acera, miraba el reloj y me daba tropiezos con las personas que pasaban por mi lado. Di un paso hacia atrás para dejar caer todo el peso del cuerpo sobre mi hombro, recostándome con lentitud en la columna que integraba la entrada del establecimiento. Giré la vista de un lado a otro para percatarme si la persona esperada por mí había llegado o no en el bus que hizo parada a unos metros de donde me encontraba. Pasaron aproximadamente diez minutos cuando retorné la vista al reloj. Intenté silbar una canción que mi memoria cantaba; sin embargo, el olor a basura que trasmitía el aire era tan desagradable que me impidió hacerlo.

Volví a girar la vista sin perseguir ningún fin de enterarme o ver lo que no me incumbía, pero ver a ese niño tratando de recoger la desgastada chupeta del suelo, envuelta en una capa de tierra, pareció ser mi problema. Intenté decirle que no tomara el preciado caramelo, pero era demasiado tarde. Unos brazos largos y oscuros alzaron al infante. Era su madre, que llevaba puesto el mismo delantal del día anterior, y, en la tela, ya no tan blanca, figuraba la misma mugre de hacía unas semanas.

Un guacal puesto verticalmente en la orilla de la calle, una tabla plana y alargada con los bordes roídos, y un mantel de plástico arrugado, conformaban el mostrador de unos seis o siete aguacates de gran magnitud. Uno de los frutos se encontraba abierto a la mitad y era ofrecido por la señora a los clientes que preguntaban el precio de aquellos productos naturales. De vez en cuando, del bolsillo de su delantal, extraía un pequeño cuchillo con cacha de madera, siendo esta la herramienta adecuada para retirar los trozos que iban oscureciendo del fruto exhibido.

El rictus que la señora mostraba me hizo pensar que en todo el día no había efectuado ninguna venta. Y, mientras con la mano izquierda sostenía al chiquillo, con la derecha tomaba la botella de licor barato, que reposaba a un lado del guacal... Arrugó la cara después de pasar el trago, se limpió la boca con el delantal, colocó al pequeño de nuevo en el suelo, y volvió a sacar su pequeño cuchillo.

—Ya mi madrina no viene —dije lamentándome, mientras echaba un vistazo al reloj por vez última. Crucé la calle y me retiré de aquel lugar.

Todo esto ocurrió un viernes como cualquier otro, en la avenida del Cementerio, en Caracas, mientras esperaba a mi madrina en la carnicería para realizar una compra rutinaria... Si no me creen, vayan ustedes mismos a la carnicería que está en la sexta cuadra de la avenida y allí verán a la señora de la que les hablo.

Si algún día logran ir y ven a la señora, fíjense en su delantal y en su cuchillo Eso sí, antes de preguntarle el precio de los aguacates, díganle que, por favor, limpie la chupeta del niño si se le llegara a caer al suelo otra vez.

Ese día, cuando caminaba hacia la casa, miré al cielo preguntándome qué será más lamentable, ¿el pasado de la señora o el futuro de la criatura?

Ella y yo

Ella llegó en silencio y al azar,
juntas las manos, algo distraída.
Yo me quedé sorbiendo su brillar.
Se trataba de una estrella fugitiva.

Ella me mostró incomodidad,
algo muy normal en esta vida.
Yo me incomodé para igualar
los pasos a seguir en la partida.

Ella ausentó su modo de ignorar.
Vigiló un momento mi estadía.
Yo sin querer libré a la valentía.
Ella aún no se cansa de brillar.
A pesar de nuestros modos de pensar,
ella y yo somos uno hoy en día.

Del verano

El verano en su punto más espeso
nos invita a una fiesta primitiva.
El mediodía es prolongado a cuatro horas.
La medianoche rectifica sus propuestas.

Verano ardiente, verano húmedo,
si el calor nos contrae la memoria,
verano travieso, verano fantástico,
una playa nos aumenta la pasión.

Trovador, partidista del verano,
guinda notas musicales bajo el sol,
y su canto se refugia en la taberna,
rinconcito caprichoso y oportuno.

Más audaces y rebeldes los veranos.

Si un verano intenta cambiar la historia,
no hay invierno ni proclama que valga.

El joven y el viejo

Estaban allí los dos hombres,
uno joven y otro viejo.
El joven, decía por dentro,
—No sabes cuánto te quiero.

Estaban allí conversando
de la vida y sus enredos,
como siempre acostumbraban
luego de un par de recuerdos.

La risa invadía el momento
y en bellos pozos los esteros
para ambos se convertían
por la alegría que omitieron
mientras uno esperaba al otro,
mientras el otro estaba lejos.

Sus hombros disimularon
el golpe fuerte del reencuentro.
Las manos juntas reciclaban
el calor de un vino añejo.
Uno contaba su historia
con anécdotas de invierno,
cuando la lluvia recalaba
su soledad entre los versos,
el otro solo decía,
con orgullo de misterio,
que el estar solo le creó
reconcomio de hombre ebrio.

De pronto, el joven soltó
dignas palabras para el viejo:
—Nunca olvidaré el mensaje
que me diste con esmero
y, aunque no hallo el empuje,
te aseguro, no lo espero.
Sé que pronto lo tendré,
como obtiene el fiel obrero
notorias gratificaciones,
reflejadas en dinero.

Estaban allí manipulando
la nostalgia intuitiva.
—Así son las cosas —decía el viejo.
Así son las cosas de la vida.

El día en que el joven marchó
hacia el desconocido suelo,
el viejo al joven dejó
en los oídos su consuelo.

—Hijo mío que te marchas,
Dios te bendiga el camino.
Sé que ya estás crecido,
pero el cariño es el mismo.
El rol que has de ejercer
se encuentra en el pergamino
que escribiste en tu infancia
imaginando los molinos.
En el morral que te llevas,
lleno de mucho ropaje,
aparta una esquina segura
para guardar tu coraje
que usarás en situaciones
que el destino te depare.
Y, en la tienda de la vida,
compra un frasco pequeño.
En él guardarás la ilusión
de la cual tú eres el dueño
y es bien seguro, hijo mío,
que, con un poco de empeño,
toda esa gran ilusión,
todos esos bellos sueños,
le darán forma a tu vida
como da la sierra al leño.

Al corazón de aquel joven,
aquellas palabras ciñeron,
derramando par de lágrimas
que en las mejillas escurrieron.
Y fue en ese preciso instante
cuando por primera vez
utilizó su tonto coraje
diciendo «adiós» con fluidez.

Los dos hombres allí estaban,
recordando el momento amargo,
tocando con la confianza
infinitos altibajos.
Allí estaban los dos hombres,
dándole vida a un encuadre,
siendo yo el joven del frasco,
siendo aquel viejo mi padre.

Derecho

Saber que estás
aquí o allá
me reconforta,
me anima,
me hace creer
en enigmas fulgurantes.

Saber que te descubro
en cada roce
crea en mi alma
una catarsis
inenarrable.

Saber que tu mirada
muestra un signo
de complicidad
es adentrase en epopeyas
sin cabida a la cordura.

Saber que reconoces
la amnistía que propago
es decir te amo
con diez dedos protegidos.

Saber que estás
aquí o allá
es saber
que tengo el derecho
a reír a solas.

Si esto fuera

Si esto fuera un pensamiento,

tú serías la razón.

Si esto fuera un mandamiento,

tú serías la obligación.

Si estos fueran mis lamentos,

serías tú la condición.

Y si fueras mi momento,

no existiría la excepción.

Si esto fuera un elemento,

tú serías el electrón.

Si esto fueran ligamentos,

tú evitarías la lesión.

Si esto fuera mi cimiento,

tú serías la evolución.

Y si fuese un movimiento,

serías mi revolución.

Si esto fuera un testamento,

tú serías la defunción.

Si esto fuera el firmamento,

serías la imaginación.

Si esto fuera algún encuentro,

serías tú la dirección.

Tú serías el alimento

si esto fuera mi ambición.

Si esto fuera un buen ejemplo,
serías la resignación.
Y, si fuera un vil tormento,
tú serías crucifixión.
Si esto fuera un sentimiento,
alabado sea el dolor.
Si no fuera sentimiento,
dime tú: ¿qué es el amor?

No sabes

No sabes cuánto me gusta
regocijarme en tus brazos,
prenderme de tu camisa,
caminar en tu sonrisa
y adornarla con un lazo.

No sabes cuánto me gusta
verte tranquila y sentada
con tu mirar a lo lejos
en actitud de cotejo
y tus manitas cruzadas.

No sabes cuánto me gusta
verte despierta en la cama,
introduciendo tus ratos
en cualquier libro barato
o en un vulgar crucigrama.

No sabes cuánto me gusta
verte regar las plantas
con aquella maestría
heredada en ese día
que inició tu rol de santa.

No sabes cuánto me gusta
verte tejer los abrigos
como quien forma una nube
donde llorará el querube
cuando le falte un amigo.

No sabes cuánto me gusta
verte cerca de papá
añorando algún instante
de sus pasados distantes.
No sabes cuánto, mamá.

Cosas

Existen muchas cosas que siempre causan ira.
Algunas de ellas son la injusticia y la mentira.

También existen cosas que a mí me entristecen.
Hay cosas en la vida que no son lo que parecen.

Hay cosas que, por bellas, no hace falta explicar:
el andar de las orugas, un eclipse solar.

Hay una cosa en especial que a mi mundo alborota:
los ojos de mi madre con lágrimas que brotan.

Hay cosas tan pesadas que no me dejan dormir:
ver a un hombre riendo mientras él me ve morir.

No existe cosa en la vida tan cargada de cariño
como la eternamente frágil sonrisa de los niños.

Hay cosas de importancia para volver a empezar:
sembrar un árbol, una disculpa, la lectura motivar.

Qué indigno es cuando alguien bloquea las salidas.
Hay cosas que se acaban sin una despedida.

Puentes y palabras

Dicen que Apolodoro tardó dos años en construir el del Danubio.

El del Biobío (Llacolén) también lo construyeron en dos años.

El de Apolodoro, llamado puente de Trajano, medía 1,3 kilómetros.

El del Biobío casi lo duplica.

El del Danubio, durante un milenio, fue el más largo del mundo.

El del Biobío, con 20 años, es el segundo más largo de Chile.

Al del Danubio dos pilares le sobreviven como muestra de la
　　grandeza romana.

El del Biobío tiene 48 postes eléctricos cubiertos de madera y son
　　60 pasos, aproximadamente, la distancia entre postes.

Entre los postes cuatro y cinco hay un grafiti de letras verdes
que reclama «dignidad para los caídos».

Aviones de papel

Salieron esta mañana
en tropel
diez aviones de papel.

Dos envejecieron
velozmente
por el «qué dirán» presente.

Tres retrocedieron
sin cordura
por temor a las alturas.

Cuatro se desviaron,
en efecto,
meditando en ser perfectos.

Solo uno, superando
desatinos,
llegó libre a su destino.

Dialogué con un loco

Tratando de cambiar mi aburrida monotonía,
buscando compensar mi ignorancia con su saber,
percatándome al final de que él nada sabía,
un pequeño loco conversó conmigo ayer.

Estaba tranquilo, pensativo en mi lugar,
suspirando el fétido aroma de la civilización,
y un «buenos días» del loco del que les quiero hablar
fue el que le dio inicio a la conversación.

Le di mi nombre y enseguida me dio el suyo.
Hizo preguntas con tono formal.
Yo lo ignoraba, pero en el fondo tenía orgullo
pues continuó dando razón para dialogar.

Preguntó por mi familia, parecer y profesión,
e infinidad de cosas que no valían la pena.
—¿Desde cuándo no te dan la bendición?
—¿Cómo haces para obtener almuerzo y cena?

Ya, de tanto preguntar y de tanto blablablá,
en mi rostro reflejé impaciencia e inquietud.
Al fin, me dio un gran motivo para continuar.
El loco preguntó: —Entonces, ¿quién eres tú?

—Yo, amigo mío, de las calles soy el hidalgo,
el rey de las protestas de la plebe moral,
el que causa daños por solo actuar normal,
que con simples apariencias a ninguno engaño.

El que vaga por los rieles del rotundo fracaso,
sin mirar a los lados a la fiel atenencia,
el que de todo el mundo sufre rechazos
por tener de limpio solamente la conciencia.

El que para aprender no necesita cultura,
el que desde hace mucho no tiene lecho fijo,
ese que es criticado por buscar en la basura,
lo que algunos perdieron a lo largo del camino.

Al que todos temen por no ser como ellos,
el que de ningún amigo recibe un abrazo,
el que mantiene al natural su drástico cabello,
el que con luna y estrella construye su regazo.

Y así fue como le describí la persona humilde
que soy y seré por el resto de mis días.
Y no les miento porque, ¿para qué mentirles,
si al final las mentiras oscurecen la vida?

Al concluir, él me miró con fija ironía.
Me tendió la mano y se disculpó.
No sé si fue sincero o por hipocresía,
pues una gran sonrisa en su rostro estampó.

Pero al despedirse mostró generosidad,
de su desayuno me obsequió un trozo de pan.
—Me repites tu nombre— indagué con curiosidad.
Y su voz, a lo lejos, replicó: Gutiérrez, Juan.

El mar

Gigante silencioso y pacifista,
amigo inseparable de la historia,
enamorado terco de la orilla
que colecciona huellas de turistas,
con esa desnudez tan infinita
va conquistando gaviotas en cada amanecer.

Exquisito compañero de aventuras,
protagonista eterno del planeta,
porque, a pesar de que sus hijas
a veces quieran romper el corazón del arrecife,
él seguirá imponiendo su ternura
silenciosa, omnisciente y pacifista.

¿Qué hacer?

¿Qué hacer con todo esto
que quizás no conocemos?
¿Qué hacer si todo aquello
no se parecía a esto?

¿Qué hacer con este mundo
lleno de soledad?
¿Qué hacer con la mentira?
¿Qué hacer con la verdad?

¿Qué hacemos con la gracia
oculta entre tus cartas?
¿Qué hacemos con la magia
de nuestras esperanzas?

¿Qué haremos del mañana
si toca a nuestras puertas?
¿Qué hacer con tu ventana
si permanece abierta?

¿Qué hacemos si nos vemos
pero con otros ojos?
¿Qué haremos si al amor
lo vence nuestro enojo?

¿Qué hacemos con la nada
cuando nada nos quede?
¿Qué hacer con lo que creo?
¿Qué hacer con lo que crees?

¿Qué hacer con todo esto
que quizás no conocemos?
¿Qué hacer si todo aquello
no es nada más que esto?

Lazos

Si me voy,
cuando vuelva,
veré luz.
Luz que no se apaga.
Luz acompañante
de la noche.
Luz que vibra
con el día.
Luz de amanecer.
Aurora boreal
mediterránea.

Si me voy,
cuando vuelva,
veré alegría.
Alegría incalculable,
alegría de los peces,
alegría fugitiva,
tan común y rayana
como tu causa.
Esa bonita causa
de sobornar al destino
que se niega a guiarte
a tus vientos,
tus fuegos,
tus tierras,
tu luz.

Si me voy,
cuando vuelva,
veré tu espera.
Mujer infinita.
Mujer misteriosa.
Avioncito de algodón
que no aterriza,
querubín adamantino,
soñador incuestionable.
No hay remedio
más sencillo a mi zozobra
que ese gesto tuyo
aspirante a la sonrisa.

Vaya a donde vaya,
es mi obligación
volver a ti
por tu luz,
tu sonrisa,
tus fuegos,
tus vientos,
tus sombras,
tus misterios.

El carrito
Fábula incompleta

Hace muchos años, en realidad no sé cuántos con exactitud, le encomendé a Santa Claus que me trajera un carrito a control remoto, pero lamentablemente la carta nunca llegó a la casa de Santa, y como mi padre no quería verme triste y no tenía para comprarme el carro a control remoto, hizo todo lo posible y me compró un carro algo parecido al que había pedido. Pero este era manual. El asunto es que, siendo yo un niño de bastante conformidad, acepté el carrito con el mismo cariño con que hubiera aceptado al otro.

Gracias a mi espíritu infantil soñador, de gota en gota le fui inyectando amor a mi carrito, fue tanto el cariño que heredé hacia mi carrito, que en poco tiempo olvidé la ilusión que tenía por el otro. Recuerdo que cuando salía a la calle nunca me faltaba compañía, porque él siempre estaba allí, debajo de mi brazo, como si fuese otra parte de mi costilla.

El carrito era azul con varias franjas rojas, la carcasa era totalmente de plástico, las ruedas eran de goma (qué emocionante, parecían cauchos de verdad) y por debajo era como de plomo. Mi carrito era el mejor.

Lo cierto es que un día, acercándose las vacaciones escolares, yo estaba montado en la pared frente a mi casa, medía como tres metros aquella pared, jugando con mi carrito. Éramos únicos, él y yo. Cuando de pronto, como cosa del destino, resbale y perdí un poco el equilibrio, pero para no caerme y sostenerme con ambas manos me vi obligado a soltar mi carrito. Qué mala jugada.

¡Mi carro! Nada nos separaba. Después de bajar del muro corrí con desespero en su búsqueda... Estaba allí boca abajo, como una tortuguita, queriendo voltearse sin poder, desprovisto de una rueda. Después de aquel día perturbador, las cosas entre él y yo fueron mucho mejor. Estábamos más unidos que nunca. Así, sin una rueda, lo quise más, porque sabía que si no fuera por mi comportamiento tan tremendo, el cual me llevo a montarme en aquel muro, mi carrito estuviera completo con sus cuatro ruedas.

A partir de ese día, todas las mañanas, al levantarme, lo primero que hacía, después de bostezar, era buscar mi carrito debajo de la cama, y lo acariciaba como mi más preciado laurel en ese entonces.

Fuimos inseparables por un tiempo: digo por un tiempo porque, con el pasar de los meses, ya se acercaba la otra Navidad, y yo preparaba lápiz y papel para redactar mi próxima carta a Santa.

Este relato, amigo lector, es totalmente cierto. Si mal no recuerdo, fue entre los años 1991 y 1993. Te lo cuento a ti como un regalo de un amigo a otro. Puede que no le encuentres sentido, quizás no lo tenga. Por favor, guárdalo en un lugar donde nadie pueda encontrarlo. Es un secreto entre mi carrito, tú y yo. La moraleja se la pones tú.

¿Sabes? Aún sigo en busca de la rueda.

Nocturno 3

He llegado hoy, después de tanto tiempo.
Llegué de noche, no lo quise así.
Toqué a tu puerta sin saber cuán oscuro estaba adentro.
A mi espalda, dejé muchos trazos editados,
muchas firmas de personajes poco acuciosos:
un amante impertinente de la noche,
un suicida inmortal al pie de las estrellas,
un noctámbulo sereno que parpadea con la luna,
un cobarde espoleado por el decoro excesivo.
He dicho cobarde, como quien dice igual.

Pausa y silencio, luna y estrella.
Aquí he llegado con el furor intacto.
No sé si confiar en lo fortuito
o quedarme esperando a la razón.
En este reinante silencio,
la noche grita a los cuatro vientos
varias palabras sin consonantes.

La imaginación me abandona por momentos,

pero vuelve cargada de trabajo.

Y, mientras la noche enciende un cirio,

me doy cuenta de que tus ojos se pierden en el cosmos.

Mi mejor emblema es tu dedicatoria.

El peso del recuerdo se hace tan liviano

como la espuma de la cerveza.

Mientras tanto, mi paciencia se gradúa de socióloga,

e imita a dos mendigos que cruzan en la esquina.

Esta es la hora en que los sueños se quedan sin pretérito.

Esta es la hora en que la valentía no se fija en disciplina.

¿A qué he venido yo aquí, si dije que no volvería?

¿Por qué estoy asustado si ella es *Ma-Jokaraisa*?

Súplica

Se han ido, hace mucho tiempo su partida fue.
Clamando por su llegada están todos.
Como siempre, refugiándome a mi modo,
nuevamente les escribo sin perder la fe.

La anarquía por calles difamándolas va,
con su viejo *smoking* color medio ocre,
acariciando entre sus manos un cofre,
donde nacen enemigos y muere la hermandad.

Con su dulce ironía, la venganza imita,
sonriendo a lo siniestro que ninguno evita,
mientras que, cabizbaja, padeciendo un dolor,
en una esquina llora la reconciliación.

Y qué decir de las secuelas de todo un país,
donde el mal corroe el tallo y la raíz,
donde el lamento reemplazó a la alegría,
donde el sufrimiento reina noche y día.

¿Dónde están, grandes señoras? Vuelvan, por favor,
se los pide de rodillas este humilde servidor.
¿Será que las subastaron o les negaron libertad?
¿Dónde están? ¿A dónde fueron? Justicia y Seguridad.

Poema único

O cuatro pasos para evitar desgracias

M

Yo soy yo por ti.
Tú eres tú por nosotros.
Nosotros somos de ti.
Tú eres solo de nosotros.

A

Tú ríes si yo río.
Tú lloras si yo río.
Yo río si tú ríes.
Yo callo si tú lloras.

M

Amor es igual a usted.
Paciencia es igual a usted.
Perseverancia es igual a usted.
Estirpe es igual a usted.

Á

Estás y estamos. Seremos.
Podemos, queremos. Amor.
Somos sin saber ser.
Nosotros. Camino. Usted. Andar.

Los ojos de Luisa

Hay una gran diferencia entre poder y querer.
Al parecer, los ojos Luisa
son el mejor ejemplo de ello.

Los ojos de Luisa
me dan la bienvenida a un día diferente.
Creo saber que ellos no procrastinan.
Hay algo de fonética en sus pupilas.
Los ojos de Luisa
se entretienen con visitas esporádicas.
Son tan susceptibles para contar anécdotas
y tan violentos para marcar silencios.
Dan la impresión de unos directores de teatro.

A veces, de los ojos de Luisa salta una Rosa Parks
y le dice sutilmente a su esposo
—Por ahí no es la cosa, Nelson.
Mi madre entiende el idioma de los relojes de arena,
pero los ojos de Luisa aplican la estratagema pendular
de aquel viejo reloj habitante del museo.
Los ojos de Luisa
esconden algunos versículos del Eclesiastés.
Una noche sabatina, lloré junto a ellos,
pues se habían cansado de decir nada
y me lo contaron todo.

Los ojos de Luisa saben de perdón.
¡En serio! Saben de perdón.

Los ojos de Luisa saben escuchar.
¡En serio! Saben escuchar.
Para los ojos de Luisa
no existe mejor manera de tributo al arte
que alimentarse con los ademanes de las aves.
Y es que en los ojos de Luisa
se puede filosofar sin palabra alguna,
como dirían ellos: «Para no entrar en detalles».

Me haces recordar

Tú me haces recordar ese brillo que hace falta.
Tú me haces recordar esas tardes con llovizna.
Tú me haces recordar que las ganas son las mismas.
No importa, gane o pierda, si la voluntad resalta.

Tú me haces recordar la sonrisa de mi madre.
Tú me haces recordar las mañanas con neblina.
Tú me haces recordar a una muchachita andina
que pintaba rosas verdes a escondidas de sus padres.

Tú me haces recordar cuánto valen los detalles.
Tú me haces recordar que hay secretos infinitos.
Tú me haces recordar un paisaje muy bonito
extraído de un paseo por nuestros inmensos valles.

Tú me haces recordar el silencio aprovechable.
Tú me haces recordar el reencuentro de un amigo.
Tú me haces recordar que cuando no estoy contigo
la esperanza que promulgo casi siempre es desechable.

Tú me haces recordar el aroma de las flores.
Tú me haces recordar los consejos de la abuela.
Tú me haces recordar la maestra de la escuela
que guardaba las manzanas en la caja de colores.

Tú me haces recordar que el amor nos da poder.
Tú me haces recordar que el amor lleva a la gloria.
Tú me haces recordar que la más lírica historia
es aquella cuyo inicio y final son del ayer.

Tu voz

Tu voz es el mejor arpegio que ha penetrado en mis oídos.
Cuando susurras dos palabras, me desvanezco lentamente.
Tu voz tiene ese acento esparcido en el chasquido,
emitido por tus labios al besarme suavemente.

Qué delirio provocas cuando comentas tus cosas,
mientras observo en tus labios ese ejercicio en quimera
que transforma cada sílaba en un pétalo de rosa,
implantando en mi conducto una leve primavera.

Si hoy me faltara tu voz, perdería sentido el vivir.
Para qué quiero estar vivo, si no te puedo escuchar.
Para qué quiero ser libre, si no hay camino a seguir.
Para qué quiero la fuerza, si no hay por quién luchar.

Quizás tu voz mañana adopte triste entonación.
Quizás mi oído se marchite con el tiempo ineludible,
pero en mi memoria eterna quedará aquella canción
que escuché de ojos cerrados imaginando lo imposible.

El eco

Habitante de cavernas,
de expresión multiplicada,
recorriendo multitudes
con su vetusta raíz.
Te revienta las paredes,
te conecta con la nada,
subrayando el infinito
de los miedos y enigmas,
y otras cositas pequeñas
que no logras entender.

Quizás el eco es un cántico
que nos adelanta, súbitamente,
a ese futuro y nocturno viaje.
Hijo de la emergencia necesaria
al que acudiremos
con la culpa entretejida
y la cara pegada a la ventana.
Raya blanca, raya blanca,
raya blanca…

¿Alguna vez de madrugada
tocaste con la mejilla
el suelo frío de tu hogar,
intentando percibir
sus palpitaciones terrenales?
Ahí estuvo él,
asechando tus secretos,
viviendo de tus planes.

Yo supongo que el eco
inventó al hombre,
a su imagen y semejanza
en medio de tanto vacío.
Sediento de mucha atención,
sin mandamiento perpetuo,
sin verdades absolutas.
Solo el hoy, hoy, hoy, hoy…

Noche mía

Buenas noches, doña noche.
¿Cómo está? ¿Cómo le va?
Usted siempre tan modesta,
con su forma de mirar
que, a pesar de ser oscura,
emana mucha claridad,
mientras que a sus pies
se encuentra toda la ciudad
deseando ser su esclava
con tal de que, al final
de cada día soleado,
la pueda refrescar.

Buenas noches, noche lírica,
perfecta para perpetuar.
Noche del poeta solo,
dispuesto siempre a encaminar
el creativo pensamiento
hacia la línea horizontal.
Aquella que se ve al fondo,
la que no tiene final.

Buenas noches, noche inquieta,
retraída de lo social
que aparentas ser honesta
pero es muy zafio tu andar.
¡Tú sabes! Yo te conozco
y no me vas a engañar,
porque de ti se espera mucho.
Me refiero a mucho mal.
Por un lado, el venado
agua sale a buscar.
Por otro, el león,
escondido en matorral,
espera a su dulce presa
y ya sabes lo demás.

Buenas noches, noche incierta,
de borrachera y de bar
de mendigos con insomnio
buscando dónde pasar
otra noche como tú
indiferente de pensar.
Y, mientras alegres mujeres
esperan el pan ganar,
niños de calles intentan
en tus brazos reposar.

Buenas noches, linda noche.
¿Qué me cuenta? ¿Qué hay de más?
Mire que ya está aclarando.
El sol saldrá y usted se irá,
y han de pasar doce horas
para volverla a encontrar
con la vista agazapada,
distraída, viendo el mar,
en compañía de estrellas
que la suelen molestar
para, junto a ellas,
algunas nubes trepar.

Buenas noches, noche mía.
Me retiro así no más.
Ya la musa ha bostezado
y yo no me quedo atrás.
Buenas noches.

Distancia

Contando los días sin interrupciones,
pisando despacio, guardando silencio,
venerando algunas alucinaciones,
como desdichado me autolicencio.

Fácil es creer que se está mejor,
difícil lograr sentirse distinto.
No hay nada más frío que negar calor
cuando los abrazos nutren el instinto.

Sufrir y callar es cosa de tontos.
Cada quien aguanta lo que se permite.
El bien, si lo hacemos, quizás muera pronto.
Si no lo enfrentamos, el mal se repite.

Segunda primavera

Ya no se fabrican nubes blancas
que armonicen este cielo gris.
Ya no se aplauden las ilusiones
que se originan en los pequeños gestos de libertad.
Esas ruidosas aves no logran dar con su vuelo deseado,
en picada se estrellan contra aquel suelo
ardiente de tantos pasos represivos,
repleto de intenciones subrepticias.

Si he sido un mal hijo, perdóname, madre.
Si he sido un buen hijo, te perdono, madre.
Te abrazo y te amo desde la distancia,
desde este frío estrecho,
entre uvas, nueces y tunas,
y una rara epistemología que me protege.
No logro acostumbrarme a estas sonrisas
que me regalan en calidad de extranjero.
Aún no me atrevo a decir todo lo que soy
por miedo a que la diplomacia me condene
a un nuevo destierro intelectual.

Cuántas cosas se pueden extrañar en dos meses.
La cayena, el mango, la guayaba, el termo de café.
Madre, quizás en esta misma hora,
en una historia semejante a la nuestra,
alguien muere en brazos de su primadre
para resucitar en el vientre de sus hijos.

Quisiera molestar a dios para que te llene de gracia.
Mejor no lo intento y evito la decepción.
Muy pronto es una frase injusta
cuando el boleto no registra el retorno.
Reencuentro se me hace verdugo
entre los cinco grados de ayer
y los menos dos de mañana.
Sigo siendo un cuerpo inconexo
en busca de su segunda primavera.

Otros títulos de poesía

Andanzas subterráneas (Juan Gutiérrez)

Amante. Amor fugaz soledad perenne (OVI)

Tsonkiri, «lo que vuela más alto» (Danitza Garrido Crosby)

Realidades (Carolina Salazar)

Nueva vida (Diego Garrido)

The sea (Adrián Cerratto)

Metamorfosis (Miguel Ángel Sánchez Marín)

Mors Certa (Diego Rios)

Hubimos (Gustavo Velásquez Vásquez)